혼자라서 더즐거운
미로찾기

예스북

혼자라서 더 즐거운 미로찾기

초판 인쇄 2017년 11월 30일
2쇄 발행 2019년 07월 30일

일 러 스 트 | 정미희
펴 낸 이 | 양봉숙
디 자 인 | 김선희
편 집 | 정희정
마 케 팅 | 이주철

펴 낸 곳 | 예스북
출판등록 | 제320-2005-25호 2005년 3월 21일
주 소 | 서울시 마포구 서강로 131 신촌아이스페이스 1107호
전 화 | (02)337-3054
팩 스 | 0504-190-1001
E-mail | yesbooks@naver.com
홈페이지 | www.e-yesbook.co.kr

ISBN 978-89-92197-84-7 13690

일하라, 돈이 필요치 않은 것처럼.
사랑하라, 한 번도 상처받지 않은 것처럼.
그리고 춤춰라, 아무도 보고 있지 않은 것처럼.
— 마크 트웨인

Work like you don't need the money,
love like you've never been hurt,
and dance like nobody is watching.
— Mark Twain

Run Time

먼저 필요한 일을 하고 그런 다음 가능한 일을 하세요.
그러면 어느 순간 불가능한 일을 하게 될 겁니다.

— 아시시의 성 프란체스코

Start by doing what is necessary, then what is possible,
and suddenly you are doing the impossible.

— Francis of Assisi

다른 누군가가 할 수 있거나 이룰 수 있는 일이라면,
나도 역시 그렇게 할 수 있어요.
— 토머스 J. 빌로드

If anyone else can do it, or make it in life, so can I.
— Thomas J. Vilord

Run Time

절대 포기하지 마세요!
실패하고 거부당하는 것이야말로 성공으로 가는 유일한 첫걸음이니까요.
-- 지미 발바노

Never give up!
Failure and rejection are only the first step to succeeding.
--- Jimmy Valvano

Run Time

정말로 간절하게 원한다면 무엇이든 이룰 수 있죠.
하나의 목표를 갈망한다면, 원하는 어떤 것도 될 수 있고,
원하는 어떤 것도 성취할 수 있어요.

– 윌리엄 애덤스

You can have anything you want if you want it badly enough.
You can be anything you want to be,
do anything you set out to accomplish if you hold to that
desire with singleness of purpose.

– William Adams

Run Time

13

무언가 해보려고 노력하다가
실패한 사람이 아무것도 하지 않고
성공한 사람보다 훨씬 훌륭하죠.

— 로이드 존스

The men who try to do something and fail are
infinitely better than those who do nothing and succeed.
— Lloyd Jones

당신이 좋아하는 일을 시작할 때,
당신의 남은 인생에서 더 이상의 '일'은 존재하지 않을 거예요.

— 브라이언 트레이시

When you start doing what you love to do,
you will never work another day in your life.

— Brian Tracy

성공의 비결은 남들이 잘 때 공부하고,
남들이 빈둥거릴 때 일하며,
남들이 놀 때 준비하고,
남들이 그저 바라기만 할 때 꿈을 꾸는 것이에요.

― 윌리엄 A. 워드

The recipe of success is to study while others are sleeping,
work while others are loafing,
prepare while others are playing,
and dream while others are wishing.

― William A. Ward

미래는 **자신의 꿈이 아름답다고 믿는** 사람들의 것이죠.
— 엘리너 루스벨트

The future belongs to those who believe in the beauty of their dreams.
— Eleanor Roosevelt

있는 그대로 혹은 되어야하는 방식으로가 아니라,
꿈에 보이는 대로 우리의 인생을 보여줘야 해요.

— 톨스토이

We should show our lives not as it is or how it ought to be,
but only as we see it in our dreams.

— Leo Tolstoy

Run Time

할 수 있다고 생각하기 때문에 할 수 있는 것이죠.
― 베르길리우스

They can because they think they can.
― Vergilius

세상을 움직이려면 우리는 먼저 스스로를 움직여야 한답니다.
― 소크라테스

To move the world, we must first move ourselves.
― Socrates

언제나 당신이 남긴 것과 앞으로 남길 것을 바라보라.
잃은 것은 절대 쳐다보지 말라.

— 로버트 H. 슐러

Always look at what you have left and what is left to come.
Never look at what you have lost.
—Robert H. Schuller

포기하는 자는 아무것도 이루지 못하며 그저 방해물이 될 뿐이죠.
포기하지 않는 자는 산도 옮길 수 있어요.

– 어니스트 헬로

The man who gives up accomplishes nothing and is only a hindrance.
The man who does not give up can move mountains.

– Ernest Hello

당신이 원하는 모든 것은 두려움 저편에 존재한답니다.
– 잭 캔필드

Everything you want is on the other side of fear.
– Jack Canfield

인생은 사소해지기에는 너무 짧아요.
– 벤저민 디즈레일리

Life is too short to be little.
– Benjamin Disraeli

Run Time □□:□□

성공은 행복의 열쇠가 아니에요.
행복이 성공의 열쇠죠.
하는 일을 사랑한다면 당신은 성공할 거예요.
– 허먼 케인

Success is not the key to happiness.
Happiness is the key to success.
If you love what you are doing, you will be successful.
– Herman Cain

한 걸음 또 한 걸음.
내 생각에 무언가를 성취하려면 그 방법밖에 없답니다.
— 마이클 조던

Step by step.
I can't think of any other way of accomplishing anything.
—Michael Jordan

Run Time

여러분의 **꿈에 어울리는 미래를** 맞으시길 기원할게요.
— 바버라 부시

May your future be worthy of your dreams.
— Barbara Bush

살면서 저지를 수 있는 가장 큰 실수는
자신이 실수할까 봐 끊임없이 걱정하는 것이죠.
- 엘버트 허바드

The greatest mistake you can make in your
life is to be continually fearing that you will make one.
- Elbert Hubbard

여전히 중요한 것은 인간의 꿈과 그것을 실현하려는 야심찬 시도랍니다.
− 프랜시스 포드 코폴라

It is the Man's dreams and his inspiring attempt to make them come true that remain important.
− Francis Ford Coppola

꿈은 대개 처음에는 불가능해 보이고 그 다음에는 실현되지 않을 것처럼 보이지만,
꼭 이루겠다는 의지를 발휘하면,
어느 순간 반드시 이루어지는 무엇으로 바뀐답니다.

– 크리스토퍼 리브

So many of our dreams at first seem impossible,
then they seem improbable, and then, when we summon the will,
they soon become inevitable.

– Christopher Reeve

많은 사람이 성공을 꿈꾸죠.
하지만 성공은 반복되는 실패와 자기반성을 통해서만 가능한 것이죠.
― 혼다 소이치로

Many people dream of success.
To me success can only be achieved through
repeated failure and introspection.
― Soichiro Honda

스스로 얻을 수 있는 것을 남에게 부탁하지 마세요.
― 세르반테스

Never stand begging for something that you have the power to earn.
― Miguel de Cervantes

당신이 할 수 있는 것이나 할 수 있다고 꿈꾸는 것이 있다면 시작하세요.
용기 속에는 비범한 재능과 힘과 마법이 숨겨져 있답니다.
— 괴테

What you can do, or dream you can, begin it.
Boldness has genius, power, and magic in it.
—Johann Wolfgang von Goethe

나는 낙담하지 않아요.
잘못된 시도는 전진을 위한 또 다른 발걸음이니까.

― 토머스 에디슨

I am not discouraged, because every wrong attempt discarded is another step forward.

― Thomas Edison

꿈을 향해 과감하게 나아가면서 상상하던 삶을 살기 위해 노력하면, 생각지도 못할 때 뜻밖의 성공이 찾아올 거예요.
― 헨리 데이비드 소로

If one advances confidently in the direction of his own dreams
and endeavors to live the life that he has imagined,
he will meet with a success unexpected in common hours.
― Henry David Thoreau

우리가 할 수 있는 것들을 모두 한다면,
우리는 문자 그대로 우리 자신을 놀라게 할 거예요.
— 토머스 에디슨

If we did all of the things we are capable of doing,
we would literally astound ourselves.
– Thomas Edison

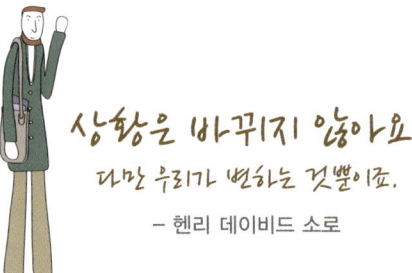

상황은 바꾸지 않아요.
다만 우리가 변하는 것뿐이죠.
– 헨리 데이비드 소로

Things do not change.
We change.
– Henry David Thoreau

Run Time

위대한 것을 성취하려면 꿈을 꾸고 행동으로 옮겨야 해요.
- 아나톨 프랜스

To achieve great things, we must dreams as well as act.
- Anatole France

목적에 대해 확신이 들면,
그것을 달성하기 위한 직선경로를 머릿속에 계획하고
오른쪽도 왼쪽도 아닌 앞만 봐야 해요.

— 제임스 앨런

Having conceived of his purpose,
a man should mentally mark out a straight pathway to its achievement,
looking neither to the right or to the left, but straight.

— James Allen

내일의 삶은 너무 늦어요.
오늘을 살아야죠.
— 마르티알리스

Tomorrow's life is too late.
Live today.
— Martialis

Run Time

당신 자신을 믿으세요!
당신의 능력에 믿음을 가지세요!
자신의 능력을 마땅히 확신할 수 없다면,
당신은 성공할 수도 없고 행복할 수도 없을 거예요.

— 노먼 빈센트 필

Believe in yourself!
Have faith in your abilities!
Without a humble, but reasonable confidence in your own powers,
you cannot be successful or happy.

— Norman Vincent Peale

나는 과거의 역사보다 미래의 꿈을 더 좋아한답니다.
– 토머스 제퍼슨

I like the dreams of the future better than the history of the past.
– Thomas Jefferson

과거는 지나갔으니 잊어버려요.
미래에 희망이 있으니 그것을 잡아요.
— 찰스 R. 스윈돌

The past is over… forget it.
The future holds hope… reach for it.
— Charles R. Swindoll

절망적인 것은 아무것도 없어요.
우리는 모든 것에 희망을 품어야 해요.
―매들린 렝글

Nothing is hopeless.
We must hope for everything.
– Madeline L'Engle

성공하고 싶다면
당신이 원하는 결과를 성취한 다른 사람을 찾으세요.
그들이 행동한 대로 따라하면 비슷한 결과를 얻을 겁니다.

– 앤서니 로빈스

If you want to be successful,
find someone who has achieved the results you want,
and copy what they do, and you'll achieve similar results.

– Anthony Robbins

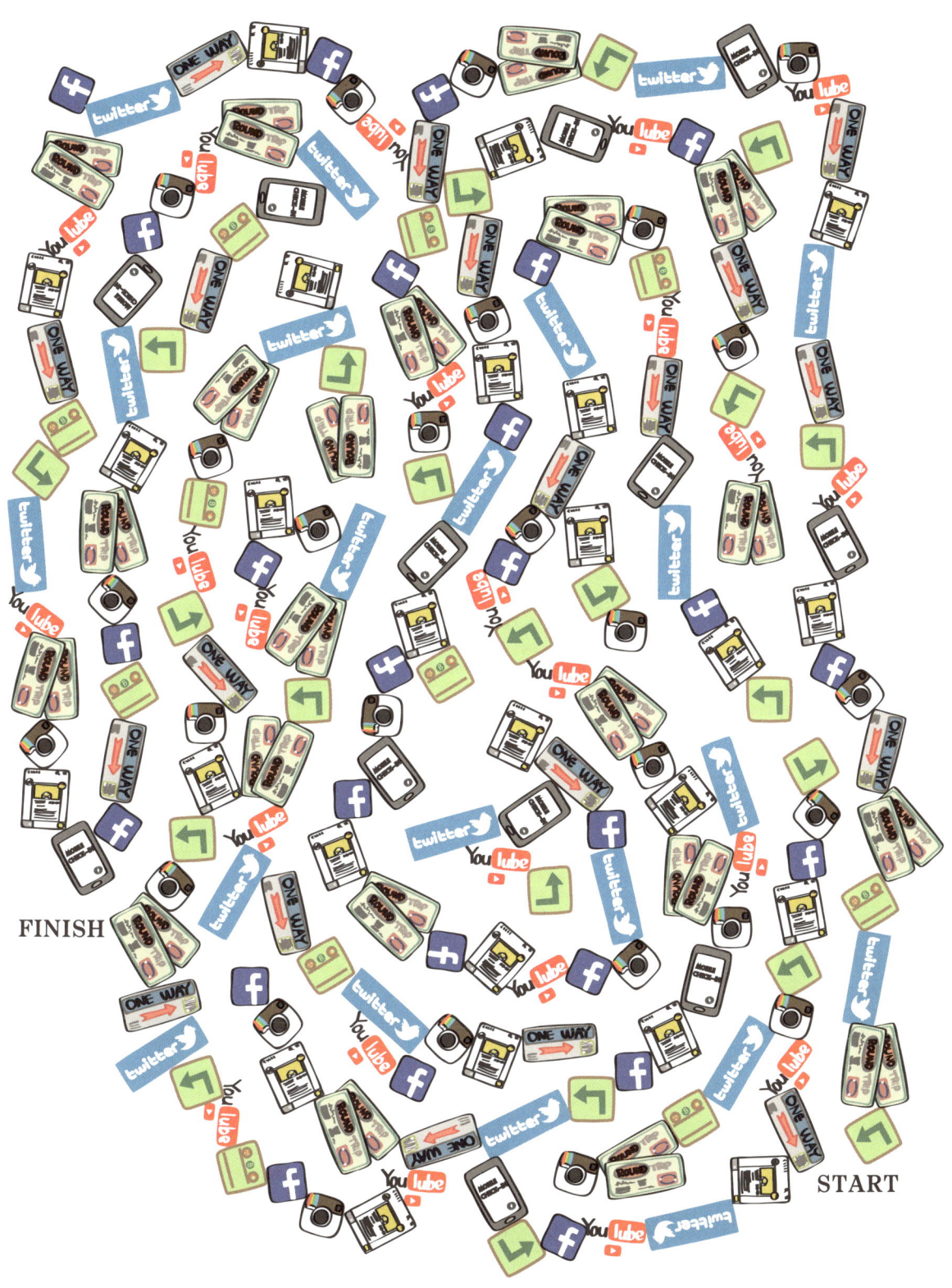

사람은 행복하기로 마음먹은 만큼 행복하답니다.
-에이브러햄 링컨

Most of us are just as happy as we make up our minds to be.
-Abraham Lincoln

날마다 한 가지씩 새로운 것을 배워보세요.
그러면 절대 늙지 않을 거예요.

— 로이스 베이

Learn something new every single day.
You will never get old if you do.

— Lois Bey

그 어떤 위대한 일도 열정 없이 이뤄진 것은 없어요.
— 랩프 왈도 에머슨

Nothing great was ever achieved without enthusiasm.
— Ralph Waldo Emerson

START   FINISH

Run Time

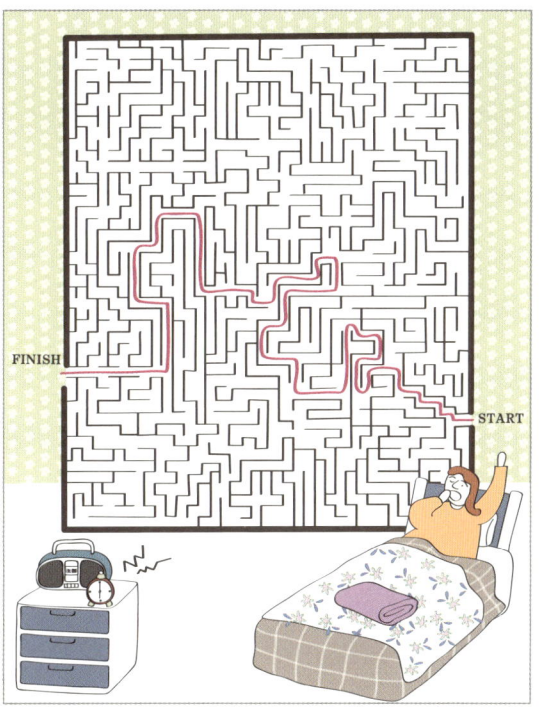

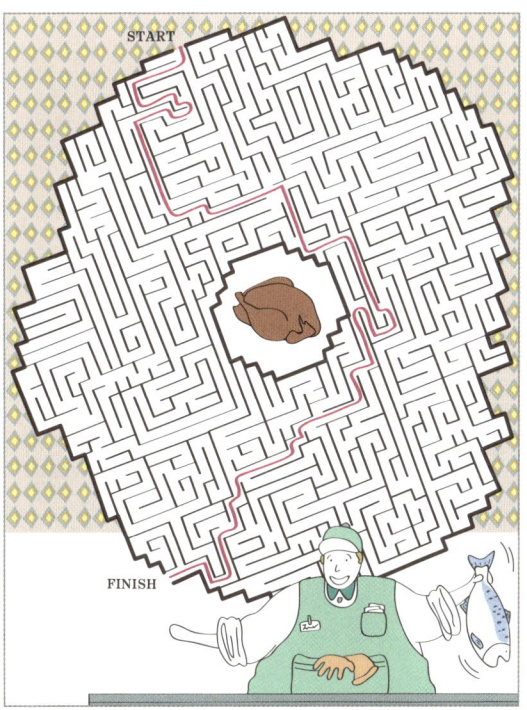

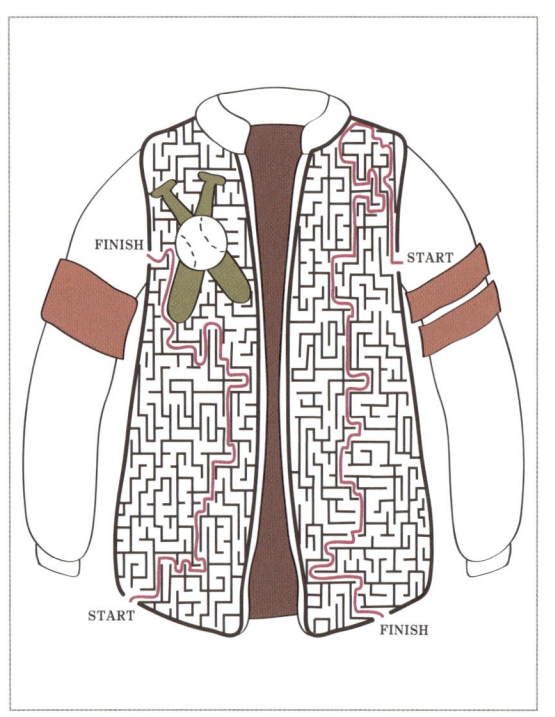

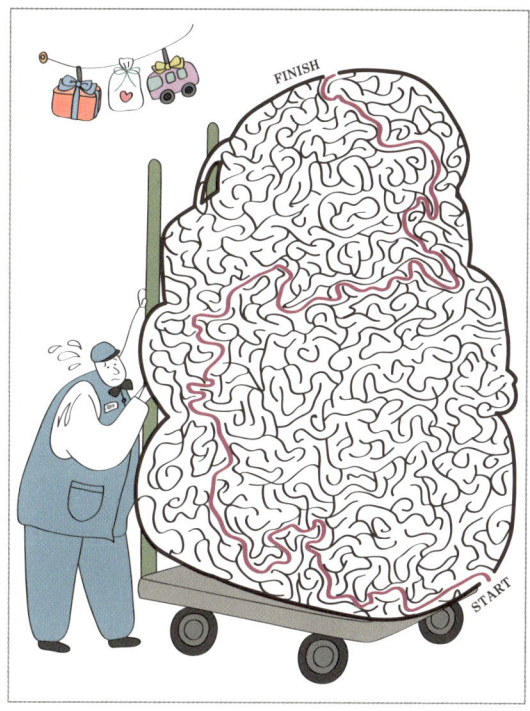

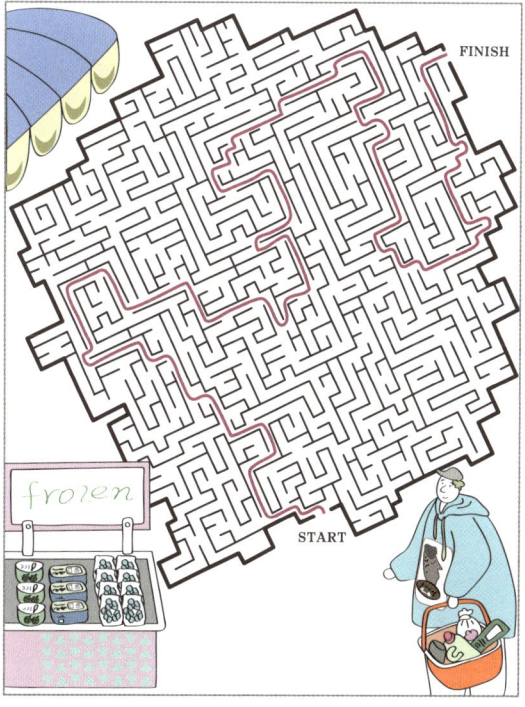

89

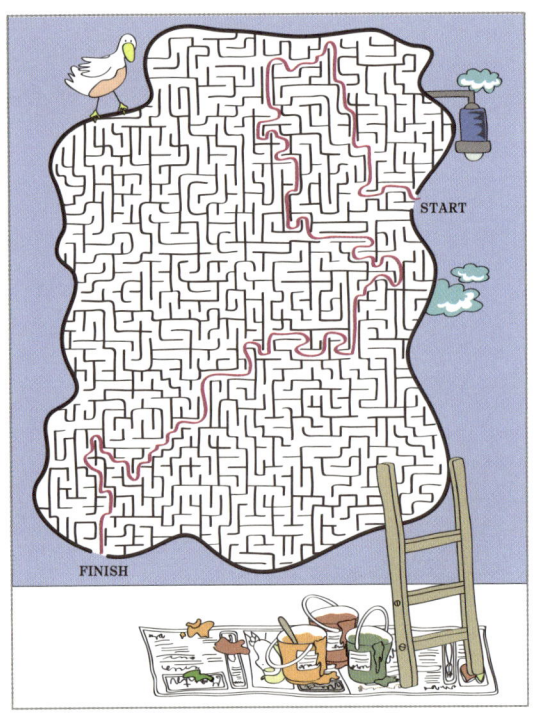

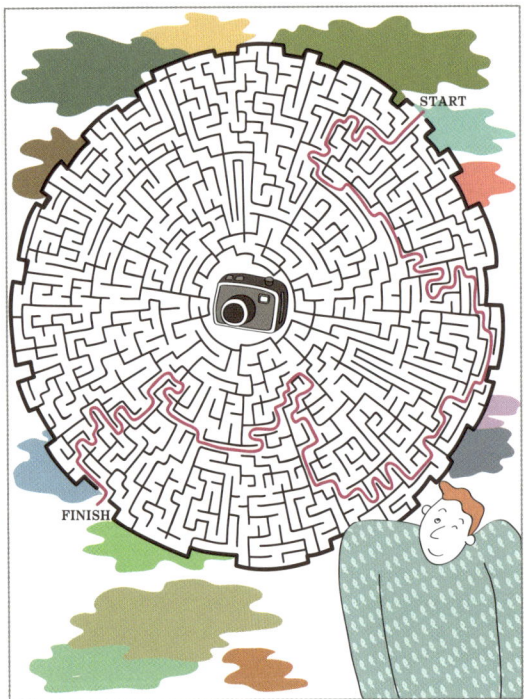

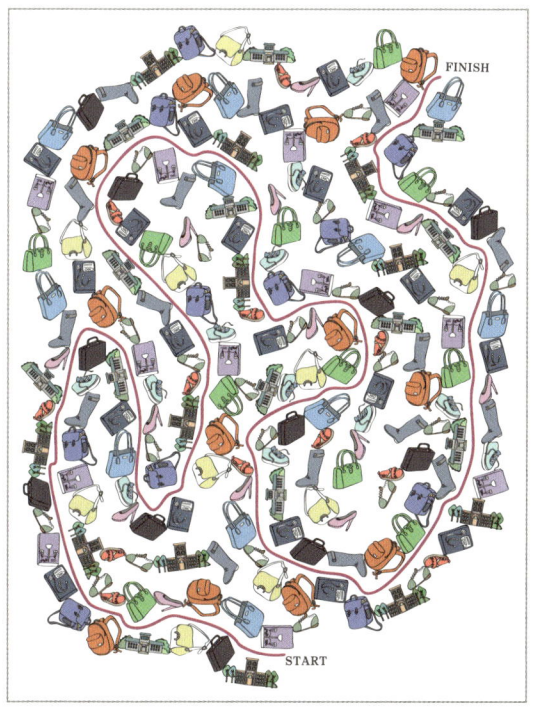

91

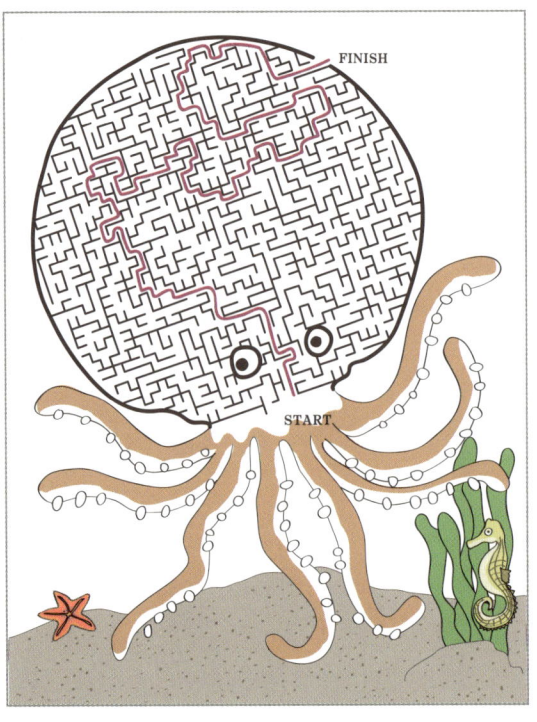

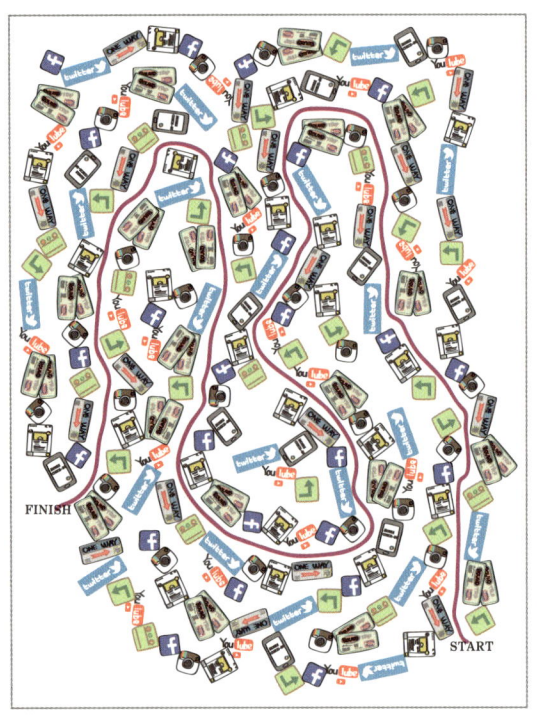

혼자라서 더즐거운
미로찾기

혼자라서 더 즐거운
미로찾기